MONOGRAPHIE

DE LA

CATHÉDRALE D'ORVIÉTO

MONOGRAPHIE

DE LA

CATHÉDRALE D'ORVIÉTO

PAR

N. BENOIS, A. RESANOFF ET A. KRAKAU

PENSIONNAIRES DE L'ACADÉMIE IMPÉRIALE DES BEAUX-ARTS

DE SAINT-PÉTERSBOURG

PARIS

Vᵉ A. MOREL & Cⁱᵉ, ÉDITEURS

13, RUE BONAPARTE, 13

M DCCC LXXVII

MONOGRAPHIE

CATHÉDRALE D'ORVIÉTO

NOTICE HISTORIQUE

E n 1842, trois jeunes architectes russes, MM. Benois, Resanoff et Krakau, se trouvaient en Italie comme pensionnaires de l'Académie impériale des Beaux-Arts de Saint-Pétersbourg. Ils venaient de parcourir la péninsule, étudiant sur place les monuments qu'y ont semés à profusion l'antiquité, le moyen âge et la Renaissance. Pleins d'ardeur, comme on l'est à cet âge, ne reculant devant aucun obstacle, ils résolurent de couronner leurs études dans la patrie des arts en relevant la monographie complète de l'un de ses monuments. Après avoir hésité quelque temps entre la cathédrale de Sienne et celle d'Orviéto, ils s'arrêtèrent définitivement au Dôme de cette dernière ville, qu'ils considéraient avec raison comme l'un des types les plus complets de l'art italien au XIIIe siècle.

Orviéto (1), sur la rive droite du torrent de la Paglia, affluent du Tibre, est situé sur un rocher de tuf isolé, au milieu d'une vallée entourée d'un cercle de montagnes.

Au moyen âge, cette ville fut un des remparts du parti guelfe. Aujourd'hui, un chemin de fer circule dans ces contrées, théâtre de tant de luttes fameuses, et Orviéto est tout prosaïquement une des stations entre Rome et Sienne. Mais si Orviéto n'est plus la cité guelfe et papale, si puissante au moyen âge, elle est encore et toujours la ville du Dôme. Déchue de son ancienne renommée, elle a su en conquérir une autre, et les caravanes d'artistes et de voyageurs ont remplacé dans ses murs les cortéges des seigneurs et la cour bruyante des trente-deux papes qui s'y réfugièrent jadis ou en firent leur résidence.

---

(1) L'*Urbibentum* de Procope, l'*Urbs vetus* du XIIIe siècle, d'où est dérivé son nom actuel.

C'est que, parmi les monuments qu'on rencontre pour ainsi dire à chaque pas en Italie, il en est peu d'aussi intéressants à étudier que le Dôme. Bien qu'on ait travaillé plusieurs siècles à l'achever, le monument semble avoir été construit pour ainsi dire d'un seul jet, tant les nombreux architectes qui se sont succédé dans cette tâche persévérante sont restés fidèles au style du plan primitif.

Outre le monument proprement dit, les sculptures, les fresques, les mosaïques, les vitraux peints, œuvre de plus de trois cents artistes qui s'y sont successivement consacrés, forment un ensemble d'autant plus remarquable qu'ils résument les progrès de l'art pendant près de cinq siècles.

Toutes ces considérations durent évidemment peser sur la décision prise par les trois jeunes artistes russes; mais il faut encore y ajouter ce détail, qui a bien son importance : c'est que, si l'on excepte l'ouvrage incomplet du P. Della Valle (1), dont les planches gravées laissent souvent à désirer sous le rapport du style, la reproduction par le dessin du Dôme d'Orviéto n'avait jamais été sérieusement tentée.

Admirateurs convaincus de ce monument sans rival, désireux de rendre à l'art un service dont tout le monde artiste leur serait reconnaissant, MM. Benois, Resanoff et Krakau se mirent hardiment au travail; et, avec cette persévérance dans la lutte et cette foi dans les résultats qui caractérisent leurs compatriotes, ils purent enfin mener à bien leur œuvre et recueillir les éléments de leur belle publication, complétement terminée aujourd'hui : la MONOGRAPHIE DE LA CATHÉDRALE D'ORVIÉTO.

Mais, avant d'entamer la description du monument et de parler des planches qui le reproduisent, il convient de rechercher les événements qui en motivèrent l'érection.

On sait que la construction remonte au XIIIe siècle. Deux versions émanent des chroniqueurs du temps; voici ce qu'elles disent :

Selon les uns, les habitants d'Orviéto érigèrent le Dôme pour perpétuer leur dévotion très-grande envers la Madone, dont ils possédaient une image miraculeuse et très-ancienne, appelée vulgairement *della Tavola, della Stella* ou *di S° Brizio.* Saint Brice, protecteur d'Orviéto, aurait fait don de cette image à la ville, et les fidèles des contrées environnantes y venaient en pèlerinage et déposaient de nombreuses offrandes.

Mais la version la plus accréditée est la suivante : En 1263, un prêtre allemand ou belge, allant à Rome, s'arrêta à Bolsena, petite ville du diocèse d'Orviéto. Il y célébra la messe dans l'église de Sainte-Christine. Tourmenté par des doutes sur la présence réelle du corps de Jésus-Christ, il venait de prononcer les paroles sacramentelles de la consécration, quand il vit l'hostie se couvrir de sang, dont fut taché le corporal étendu sur l'autel. Urbain IV se trouvait alors à Orviéto. Ce linge ensanglanté lui ayant été présenté, le pape le fit solennellement déposer dans l'ancienne cathédrale de la ville, et institua en cet honneur la fête du *Corpus Domini,* ou *Fête-Dieu,* dont saint Thomas d'Aquin, qui enseignait alors la théologie à Orviéto, composa l'office.

De leur côté, les habitants d'Orviéto, profondément émus du miracle dont le témoignage

---

(1) *Storia del Duomo di Orvieto.* Roma, 1791.

palpable était pour ainsi dire sous leurs yeux, résolurent d'en consacrer la mémoire en érigeant un temple qui surpassât en beauté et en splendeur tous ceux que possédait alors l'Italie.

On fit venir de Sienne un célèbre architecte de l'époque, Lorenzo Maïtani, et, le 13 novembre 1290, jour de la Saint-Brice, le pape Nicolas IV, assisté d'un grand nombre de cardinaux et de prélats, posa de sa main la première pierre de la nouvelle église. Les travaux continuèrent sans interruption. Rien ne coûtait aux habitants d'Orviéto quand il s'agissait de leur église. Enflammés du zèle religieux et de l'amour-propre patriotique, ils se prirent pour elle d'une telle passion qu'on en vit un grand nombre, dans le but d'accélérer le travail, s'atteler aux chariots pour transporter les matériaux.

En 1298, bien que l'édifice fût encore sans toiture, le pape Boniface VIII put y célébrer la messe sur un autel provisoire.

Mais, si la construction du monument marcha rapidement, il n'en fut pas de même des décorations intérieures : le dernier des artistes qui y mit la main, Gabriel Mercanti, y peignait encore en 1612.

Jusqu'à nos jours, du reste, on ne cessa de travailler à réparer les parties successivement détériorées par le temps. La façade surtout fut l'objet de restaurations importantes, dont quelques-unes, malheureusement, jurent avec l'œuvre primitive.

Nous y reviendrons plus tard, quand nous ferons la description des planches (1).

Il nous reste à donner maintenant quelques détails relatifs aux travaux de relevé de MM. Benois, Resanoff et Krakau, travaux que facilita singulièrement, comme ces artistes se plaisent à le reconnaître eux-mêmes, l'obligeant empressement du camerlingue du Dôme, M. le chevalier Leandro Mazzochi, et des chanoines du chapitre.

A leur arrivée à Orviéto, en 1842, les trois architectes russes trouvèrent les murs du chœur, de la grande nef et de l'abside, recouverts d'une couche de poussière telle qu'il était impossible de distinguer les belles peintures à fresque d'*Ugolino di Prete Ilario*.

Les trois artistes tentèrent, avec l'autorisation de M. Mazzochi, un premier essai de lavage à l'eau pure dans un des coins du chœur. Cet essai ayant réussi, le chapitre fit élever à ses frais des échafaudages jusqu'à la voûte, et s'empressa de donner aux artistes son approbation entière pour la continuation du travail. A eux seuls, les trois jeunes Russes lavèrent toutes les fresques, c'est-à-dire tout ce qui pouvait être lavé, car les parties peintes à la colle et les ornements en relief en cire jaune et dorés à la feuille durent être soigneusement époussetés et nettoyés à la mie de pain.

Au bout de deux mois, ce travail délicat était terminé, et les belles fresques ainsi découvertes apparaissaient à nouveau dans tout leur éclat.

Les trois artistes profitèrent alors des échafaudages pour mesurer commodément et avec la plus minutieuse exactitude les voûtes, galeries et voussures, la grande rosace (dont ils calquèrent eux-mêmes les motifs), les trois autres fenêtres et les boiseries du chœur (2).

____

(1) Voir plus loin, Description des planches, pl. IV-V.

(2) Pendant les huit semaines que dura cette opération, le chapitre alloua aux trois artistes, par jour et rendus sur les échafaudages, trois *foglietti* de vin, du pain et du jambon (*prosciutto*). Ces dépenses figurent au livre des mémoires et quittances dans les très-curieuses archives de la cathédrale.

Deux peintres allemands, MM. Both et Pfannenschmidt, firent plus tard, en 1845, subir une opération semblable aux belles fresques de *Luca Signorelli* qui décorent la chapelle de la Madone. La plupart des auteurs qui de nos jours ont parlé d'Orviéto citent à l'envi les deux artistes allemands. Nous sommes heureux de profiter de l'occasion qui s'offre à nous de réparer une erreur, involontaire sans doute, et de rendre la part qui leur est due aux trois architectes russes, que MM. Both et Pfannenschmidt n'ont fait qu'imiter, et à qui revient de droit le mérite de cette initiative.

DESCRIPTION DES PLANCHES

La cathédrale d'Orviéto est construite en assises alternatives de pierre noire et blanche. Les marbres les plus rares ont été employés dans l'ornementation : marbres antiques apportés à grands frais de Rome, marbres noirs et rouges de Sienne, albâtres de San Antimo, près de Radicofani, marbres de Castel-Nuovo, marbres de Carrare, etc.

PL. I. — Comme on peut le voir sur la planche I, le plan de l'église est celui d'une basilique à trois nefs, avec chœur plus étroit que les nefs, et deux transepts de grandeur inégale. Voici l'explication des chiffres gravés sur cette planche :

1. — Maître-autel.
2. — L'*Annonciation*, figurée par deux statues de *Francesco Mochi*, représentant d'un côté la Vierge, de l'autre l'ange Gabriel.
3. — Trône épiscopal.
4. — Stalles.
5. — Ancien trône épiscopal, aujourd'hui autel des apôtres saint Pierre et saint Paul.
6. — Orgues.
7. — Lutrins.
8. — Statues du Christ.
9. — Chapelle du *Santissimo Corporale*.
10. — Arche de marbre, contenant le reliquaire où est enfermé le saint Corporal.
11. — Autel.
12. — Statues représentant des anges.
13. — Armoires renfermant les objets du culte.
14. — Autel orné d'une peinture, attribuée à *Lippo Memmi*, représentant la Vierge, mère de douleurs (*Mater dolorosa*).
15. — Chapelle de la *Madonna di san Briɀio*.
16. — Image miraculeuse de la Vierge *della Stella*, connue sous le nom de la *Madonna di san Briɀio*.
17. — Statues des saints évêques Brice et Constant.
18. — *La Pietà*, groupe en marbre de quatre figures colossales, taillé dans un seul bloc par *Ippolito Scalɀa*, une des plus belles productions de l'école de Michel-Ange, dont Scalza était l'élève (1534 à 1579).
19. — Tombeau des Gualterii.
20. — Chaire à prêcher, attribuée à Scalza.
21. — Emplacement primitif de l'autel avant qu'il fût reporté dans le chœur, au n° 1.
22. — Carrelage en marbre.
23. — Statues colossales en marbre blanc des douze apôtres, placées devant les colonnes : le saint Mathieu (2ᵉ statue à gauche) est de *Jean de Bologne* (il a été achevé par *Francavilla*); le saint Thomas (4ᵉ statue à droite) est d'*Ippolito Scalɀa*, qui, dit-on, s'y est représenté lui-même.
24. — Fonts baptismaux.
25. — Bénitiers.
26. — Sacristie du chapitre.
27. — Sacristie commune.
28. — Autre sacristie.
29. — Maîtrise.
30. — Palais épiscopal.
31. — Cours.
32. — Grille d'enceinte.
33. — Place.

PL. II. — Cette planche donne le plan général de l'édifice au-dessus des bas-côtés.

Pl. III. — La planche III donne des sections sur la façade principale (pl. IV-V), à diverses hauteurs.

<table>
<tr><td>

Section A. — *A gauche : plan et coupe, pris au-dessus du pignon. A droite: plan et coupe au-dessus du côté gauche de la nef.*

Section B. — *Plan à la hauteur du piédestal de la statue de saint Michel Archange, placée au sommet du gable de la porte latérale de gauche :*

a. — Le Piédestal de la statue.

b. — Sortie sur le toit.

c. — Fenêtre supérieure de la façade latérale.

d. — Charpente de la nef latérale.

</td><td>

Section C. — *Plan et coupe au-dessus de la galerie.*

a. — Le toit de la galerie.

b. — Corniche ornée de mosaïques.

c. — Toit de la nef latérale.

d. — Tuyau de descente des eaux.

e. — Charpente de la grande nef.

f. — Niches dans lesquelles se trouvent les statues des prophètes.

g. — Piédestal de la statue représentant l'*Agneau divin*.

Section D. — *a.* Galerie intérieure.

b. — Emplacement des chantres.

c. — Mur au-dessus des grands arcs de l'intérieur.

d. — Départ des escaliers ménagés dans le mur.

</td></tr>
</table>

Pl. IV-V. — La planche double IV-V donne une élévation de la façade principale. Les tympans des trois pignons du haut de l'édifice et ceux des gables au-dessus des trois portes sont décorés de mosaïques modernes sur fond d'or. Les portes sont richement sculptées. Les bases des quatre piliers, qui marquent les divisions de la façade, sont couvertes de magnifiques bas-reliefs dont les sujets sont tirés de l'Ancien et du Nouveau Testament. On y remarque :

Sur le premier pilier, à gauche : la Création du monde et de l'homme ; le Paradis terrestre et la Création de la femme ; la Chute de l'homme ; le Crime de Caïn.

Sur le deuxième pilier : Abraham, souche d'un arbre généalogique dans lequel figurent une suite de rois, et, au sommet, la Vierge et le Christ ; à la suite, différents épisodes de la Vie d'Abraham et deux passages de l'Exode ; les Juges d'Israël, Gédéon, Débora ; Ézéchiel et Daniel.

Sur le troisième pilier : Jacob et les cinq grands prophètes Isaïe, Jérémie, Ézéchiel, Daniel, Osée ; plus loin, Balaam ; à gauche, l'Annonciation ; à droite, la Visitation ; puis successivement la Nativité, l'Adoration des Mages, la Présentation au Temple, la Fuite en Égypte, le Massacre des innocents, Jésus au milieu des docteurs ; le Baptême de Jésus, la Tentation du démon, et différentes scènes de la Passion.

Enfin, sur le dernier pilier, dans les divisions et les enlacements d'une vigne, sont répartis les épisodes de la Résurrection. « Les morts sortent des tombeaux pour recueillir la récompense céleste ou pour subir le châtiment ; les élus sont guidés par les anges ; les réprouvés, chassés dans l'enfer, sont livrés aux démons. Innombrables sont les suppliciés, nombreuses les variétés de supplices ; Satan, plus grand et plus épouvantable que les plus horribles démons, écrase sous ses pieds un groupe de damnés. Le bonheur des élus se mêlant aux anges est gracieusement exprimé ; les femmes s'avancent sur deux lignes, avec les religieux, qui ne sont pas oubliés : frères, moines, évêques et papes ; ils se dirigent vers le séjour céleste, où est placé, au point culminant, le trône du Sauveur que supportent les anges ; alentour sont sculptés les instruments de la Passion, et au-dessus sont disposés les chœurs des saints ayant à leur tête, l'un la mère de Dieu, l'autre l'apôtre saint Jean (1). »

Quels sont les auteurs de ces sculptures remarquables, si admirables de verve et d'ima-

(1) Barbet de Jouy. — *Gazette des Beaux-Arts*, tome XV, livraison 239, page 428 et suiv. Le *Reliquaire d'Orviéto*.

gination? Vasari et Lanzi nomment Nicolas de Pise; d'Agincourt hésite; Cicognara, plus logique, établit par des dates que Nicolas était mort quand ces bas-reliefs furent sculptés; enfin M. Barbet de Jouy, dans cette même étude à laquelle nous avons emprunté la description qui précède, parlant le dernier de cette œuvre « considérable, expressive, savante, et qui tient un rang important dans l'histoire de la sculpture moderne », croit y reconnaître plusieurs mains de maîtres, et il cite, entre autres, *Fra Guglielmo Agnelli*, de Pise, et *Ramo di Paganello*, de Sienne.

Le même doute exista longtemps sur l'auteur de la magnifique statue de marbre de la Vierge, assise sur un trône, sous un ample pavillon de bronze, entourée d'anges également de bronze, qui couronne la porte d'entrée principale; on sait aujourd'hui que cette statue est l'œuvre du sculpteur *Andrea Pisano*. Quant au pavillon et aux anges, on a tout lieu de croire qu'ils ont été fondus par Lorenzo Maitani.

A Lorenzo Maitani encore, d'après des documents retrouvés dans les archives de la Cathédrale par M. Lodovico Luzi (1), on doit attribuer les emblèmes de bronze des quatre évangélistes qui couronnent les piliers. Si l'on en juge par ces œuvres, Lorenzo n'était pas seulement un maître en architecture et dans l'art du mosaïste, il aurait été en outre un très-habile fondeur.

Quant aux mosaïques, elles ont été l'objet de restaurations successives, qui en ont quelquefois malheureusement altéré le caractère.

En 1874, M. Barbet de Jouy — que nous ne saurions trop citer chaque fois qu'il nous en fournit l'occasion — se trouvait à Orviéto. C'était au mois de juin. Le soleil descendait rapidement à l'horizon. Pendant que le voyageur examine les bas-reliefs, improprement attribués à Nicolas de Pise, les vêpres ont été dites, la foule s'est écoulée, le silence s'est fait dans l'église et les portes se ferment; c'est bien l'heure de regarder l'élégante façade. « Elle accuse nettement, dit-il, la coupe des trois nefs, l'élévation aiguë des toits; les proportions en sont savantes, les détails exécutés précieusement... Des bas-reliefs décorent les soubassements des quatre piles que terminent des clochetons élancés. Ils sont du plus beau ton, doré par le soleil. Tout le monument est de marbre, marbres blancs ou de nuances sombres, ciselés ou incrustés, ou découpés à jour, encadrant dans leurs divisions les champs que revêtent entièrement les mosaïques peintes des plus vives couleurs; trop vives, car c'est là qu'est le défaut et aujourd'hui le côté faible d'une œuvre qui, dans l'origine, aura été harmonieuse autant que riche. Des mosaïques des premiers maîtres, qui furent Consiglio Dardolini da Monteleone, Ghino, Giovanni Bonini, plus rien ne reste; rien de celles qu'y fit Andrea Orcagna, de Florence, de 1358 à 1362; un seul des travaux de Giovanni Leonardelli, qui fut employé à la façade avec Ugolino d'Ilario, en 1366, a survécu à la destruction rapide et consécutive de ceux des maîtres qui avaient précédé et qui ont suivi (2).

« Cette mosaïque, signée du nom Ioannes, avec la date M.CCCLXVI, représente la Vierge enlevée dans une gloire que soulèvent les anges; elle décore le tympan triangulaire

----

(1) « Die 2 junii 1330. Infrascriptum est bronzum quod ego Monaldus Camerarius dedi Magistro Laurentio pro colando Aquilam pondere 1433 libr. » — Lod. Luzi : *Il Duomo di Orvieto*, page 348.

(2) Parmi ceux-ci, les documents nous font connaître, en 1472, le nom de *David Ghirlandajo* de Florence, et en 1582 celui de *Raffaele de Montelupo*. — B. J.

surmontant le grand arc de la porte majeure (1). Les sujets des mosaïques refaites sont, sur les champs que laissent à découvert les trois frontons des portes : les Apôtres, et, au-dessous d'eux, saint Cyrille et saint Bernard, l'Annonciation, la Salutation angélique; dans les frontons des portes latérales, la Naissance de la Vierge, le Baptême de Jésus-Christ; plus haut, dans les frontons latéraux, le Mariage de la Vierge, la Présentation au Temple. Il nous reste à désigner la plus grande mosaïque, celle qui décore le tympan supérieur et forme l'amortissement de la façade; le Couronnement de la Vierge, travail moderne des années 1837 et 1838, d'après une composition de Sano di Pietro, de Sienne, fait dans un meilleur sentiment et se rapprochant mieux du style qui a été celui de l'œuvre primitive (2). »

En examinant attentivement la grande planche IV-V, ceux de nos lecteurs qui ont vu la cathédrale d'Orviéto pourront remarquer quelques différences entre les clochetons qui couronnent réellement la façade et ceux qui sont donnés sur cette planche. Cette modification a été faite avec intention; en voici les motifs :

Pendant leur séjour à Orviéto, MM. Benois, Resanoff et Krakau avaient obtenu du camerlingue du Dôme, M. le chevalier Leandro Mazzochi, l'autorisation de travailler dans la bibliothèque du chapitre. En compulsant les précieux documents qu'elle renferme, ils retrouvèrent les dessins originaux des flèches, telles que les avait projetées le premier architecte du Dôme, Lorenzo Maitani. Munis de ce renseignement, ils s'empressèrent de remplacer sur leur propre dessin les flèches actuelles, qui datent du XVIIᵉ siècle, par les flèches de Lorenzo lui-même, en ayant soin toutefois de donner à leurs flèches restaurées les mesures exactes des flèches existantes, qui s'harmonisent si bien avec le reste de l'édifice.

Pl. VI. — La planche VI donne l'élévation de la façade absidale.

Pl. VII-VIII. — La planche VII-VIII est la coupe longitudinale. L'intérieur de l'église, comme l'indique la planche, présente des assises de pierre alternativement de couleur sombre et de couleur claire; sept colonnes séparent les bas-côtés de la grande nef; au-dessus des arcades à plein cintre règne une galerie richement décorée. La nef est couverte en charpente apparente. Les fenêtres ogivales des collatéraux sont, en réalité, garnies de verrières dans le haut et à demi bouchées par le bas. La planche VII-VIII ne tient pas compte de cette modification du plan primitif et restitue aux fenêtres l'aspect qu'elles devraient avoir. Cette même coupe n'indique pas non plus les autels, placés latéralement dans les niches rondes qu'on peut voir figurer sur le plan (pl. I). Ces autels, dans le style de la décadence, font un assez mauvais effet, et l'ensemble de l'édifice ne perd rien à leur suppression.

Comme nous l'avons dit dans la description du plan (pl. I), des statues représentant les douze apôtres sont placées devant les colonnes, disposition fâcheuse qui rétrécit la nef et lui enlève de sa grandeur. Sous le chœur, on a ménagé une chapelle souterraine.

Pl. IX et X. — La planche IX donne le plan de l'ébrasement de la grande porte et la décoration de la partie inférieure; la planche X reproduit une partie de la galerie de la façade principale et sa décoration.

---

(1) M. Lodovico Luzi indique, en une autre place, deux figures de prophètes près desquelles on lit : IOANES ET UGOLINUS DE URBEVETERI, avec la date MCCCLV (probablement 1365). — B. J.

(2) *Gazette des Beaux-Arts.* — Article déjà cité, pages 432 et suiv.

Pl. XI, XII et XIII. — Ces trois planches donnent l'ensemble de la rosace de la façade principale, avec son cadre, et quelques détails de la décoration de cette même rosace, à plus grande échelle.

Pl. XIV. — La planche XIV est la reproduction en couleur de la grande mosaïque moderne qui décore le tympan supérieur de la façade principale : le Couronnement de la Vierge, d'après une composition de *Sano di Pietro,* de Sienne. Cette restauration est bien comprise, très-décorative, et, comme nous l'avons déjà dit en parlant de la façade principale, se rapproche, bien plus que les autres mosaïques modernes de la façade, du style de l'œuvre primitive.

Pl. XV et XVI. — Plan, base et chapiteau d'une des colonnes de la nef; plan, base et chapiteau d'un des piliers.

Pl. XVII et XVIII. — La planche XVII donne un détail des peintures qui couvrent les piles à l'entrée du chœur; la planche XVIII, divers détails de la décoration du chœur, et, entre autres, de la partie circulaire qui entoure la rosace, figurée sur la coupe (pl. VII-VIII).

Pl. XIX. — Partie supérieure de la grande fenêtre ogivale de l'abside, à verrière de couleur, exécutée en 1401, par un moine cistercien, *Fra Francesco,* et qui forme une si belle perspective au fond du chœur.

Pl. XX et XXI. — Ces deux planches donnent le plan du soubassement et de la partie supérieure, ainsi que l'élévation de l'arche de marbre placée au fond de la chapelle du *Santissimo Corporale.* (Voir le *plan,* pl. I, n° 10.) C'est dans cette arche de marbre qu'est renfermé le fameux reliquaire où l'on conserve le saint Corporal taché miraculeusement de sang à la messe de Bolsena.

Pl. XXII, XXIII, XXIV et XXV. — Élévation, plan et détails d'un des grands lutrins en marqueterie du chœur (Voir le *plan,* pl. I, n° 7), décoration attribuée à *Pietro di Minella* et autres artistes de Sienne, du XIVᵉ siècle.

Pl. XXVI. — Stalles en bois du chœur, composées et commencées, en 1331, par *Giovanni Ammanati,* et terminées par lui en 1337.

Pl. XXVII. — Fonts baptismaux. La partie inférieure est de *Lucca di Giovanni; Sano di Matteo* exécuta, dit-on, la partie supérieure. A ces deux noms, M. Lodovico Luzi ajoute ceux de *Pietro di Giovanni,* de Fribourg, et de *Jacopo di Pietro Guidi,* de Florence. D'après des documents certains, *Donatello* avait coulé en bronze la statue de saint Jean-Baptiste qui couronnait le couvercle des fonts; mais cette statue, disparue depuis longtemps, a fait place à celle qu'on y voit aujourd'hui, œuvre médiocre et de peu de valeur.

Pl. XXVIII et XXIX. — Ensemble et détails des grilles en fer forgé séparant des transepts les deux nefs latérales. Cette grille, à la fois si ferme et si charmante de composition, est l'œuvre d'un forgeron de Sienne, *Conte di Lillo.*

Pl. XXX. — La planche XXX donne l'ensemble des trois rosaces : rosace du fond du transept de gauche, rosace du transept de droite, et rosace de la paroi latérale de gauche du chœur, dont nous avons donné un détail de l'encadrement sur notre planche XVIII.

Comme on le voit, l'œuvre de MM. Benois, Resanoff et Krakau est considérable, bien que ces artistes se soient spécialement attachés à ne donner que ce qui concerne la construction proprement dite et les détails du mobilier. Il faudrait une seconde monographie presque aussi importante, si l'on voulait reproduire toutes les fresques, toutes les mosaïques, toutes les statues et tous les bas-reliefs qui décorent l'église à l'intérieur et à l'extérieur.

Nous avons déjà parlé des bas-reliefs et des mosaïques de la façade; nous citerons encore, à l'intérieur de l'édifice, parmi les œuvres les plus remarquables :

Dans la nef de droite, peintures de *Muziano* : Christ au jardin des Oliviers, la Flagellation, le Calvaire. — A gauche (1ʳᵉ chapelle), peintures de *Circignani*, dit *le Pomerancio*, les Noces de Cana; (2ᵉ chapelle), de *Taddeo Zuccaro*, la Résurrection du fils de la veuve; (4ᵉ chapelle), de *Circignani*, la Résurrection de Lazare; (5ᵉ chapelle), de *Taddeo Zuccaro*, la Guérison de l'Aveugle. — Dans la tribune : peintures d'*Ugolino di Prete Ilario*, de *Pietro di Puccio*, d'*Antonio di Andrezzo*, etc.

C'est dans le transept de gauche que se trouvent la Vierge, peinture attribuée à *Lippo Memmi*, et les belles fresques d'*Ugolino di Prete Ilario*.

Le transept de droite est plus célèbre encore dans les fastes de la peinture italienne. Au mois de mai, 1447, les habitants d'Orviéto, ayant appris qu'un moine de l'ordre des Frères Prêcheurs, *Fra Giovanni Angelico da Fiesole*, peintre renommé, « famosus ultra alios pictores ytalicos », ne serait pas occupé à Rome pendant l'été de cette année, s'empressèrent de le mander à Orviéto pour lui confier la décoration de ce transept. Mais *Fra Angelico* n'y travailla que trois mois; il peignit, dans le plafond au-dessus de l'autel, le Christ Juge et les Prophètes. L'œuvre ne fut continuée et achevée qu'un demi-siècle plus tard par *Luca Signorelli*, qui y exécuta, en 1499, la merveille de cette chapelle et l'œuvre peinte capitale du Dôme, la grande fresque où sont représentés l'Antechrist, la Résurrection, le Jugement dernier et l'Enfer.

« Par ces peintures, à bon droit célèbres, qui ont été le plus grand effort de son génie, dit M. Barbet de Jouy, Luca Signorelli, s'est fait dans l'histoire de l'Art une place particulière, au rang le plus élevé. Né à Cortone, disciple de Piero Della Francesca, il appartient par son origine et son éducation aux contrées rapprochées de l'Ombrie; mais il se rattache à l'école florentine par ses aspirations et ses tendances. Contemporain du Pérugin, il n'a ni continué les mêmes traditions, ni poursuivi le même but; il a plus que lui observé, étudié et reproduit la nature vivante et animée. N'étant inférieur pour l'élégance et le sentiment à aucun des peintres qui l'ont précédé ou qui, comme lui, ont fait si grand honneur à la seconde moitié du XVᵉ siècle, il les a tous devancés dans la science du dessin, dans laquelle il n'a été surpassé que par le seul Michel-Ange. Aucun, avant lui, n'avait peint avec autant de sûreté les figures nues et n'avait fait preuve d'une science anatomique aussi profonde. Il ne lui a manqué que de dissimuler cette science, qu'on est tenté quelquefois de trouver trop apparente, défaut assurément rare et que rachètent les plus hautes qualités de pensée et de style. »

Nous citerons enfin le reliquaire d'argent qui renferme le corporal miraculeux. Ce reliquaire, exécuté en 1338 par *Ugolino di Vieri*, de Sienne, rappelle par sa forme la façade de la cathédrale. Les émaux brillants qui le recouvrent représentent la Passion de Jésus-Christ et le Miracle de Bolsène.

Les habitants d'Orviéto attachent une valeur énorme à cette œuvre d'orfévrerie; enfermée dans l'arche dont nous avons parlé plus haut, il faut réunir cinq clefs pour l'en sortir, ce qui n'arrive que deux fois par an, à la Fête-Dieu et le jour de Pâques. On ne la connaissait, jusqu'à nos jours, que par la reproduction qu'en a donnée, en 1791, le P. Della Valle, reproduction infidèle, qui semble faite de souvenir. Plus heureux que nos aînés, nous ne serons plus obligés de faire le voyage d'Orviéto pour voir le reliquaire. Le chapitre de la cathédrale s'est-il départi volontairement de son ancienne rigueur, ou a-t-il dû céder à de hautes influences? Toujours est-il que nous avons eu sous les yeux une très-belle photographie de l'œuvre d'*Ugolino di Vieri*, rapportée en France au commencement de 1877. Cette épreuve donne bien toutes les finesses qui font le charme de ce monument, mais à une si petite échelle que les éditeurs ont dû renoncer, à leur grand regret, à en tenter la reproduction par la gravure.

Lorenzo Maitani mourut en 1330. Pour perpétuer leur gratitude envers le célèbre architecte de Sienne, les habitants d'Orviéto lui élevèrent une pierre commémorative que l'on voit encore, encastrée dans un des murs extérieurs du Dôme, du côté du Palais des Papes. On y lit l'inscription suivante :

EDAT LAPIS HIC NOMEN PENE

OBLITERATUM.

LAURENTIUS MAITANI SENENSIS PRIMUS MIRIFICI

HUJUS OPERIS MAGISTER POST DIUTINOS IN

EODEM IMPENSOS LABORES AB URBEVETANA

REPUBLICA PRAEMIIS ABUNDE CUMULATUS

OBIIT ANNO MCCCXXX.

A l'exemple des habitants d'Orviéto, les trois pensionnaires de l'Académie impériale des Beaux-Arts de Saint-Pétersbourg ont tenu à laisser un témoignage de leur admiration envers le grand constructeur du Dôme. Le moyen qu'ils ont choisi est le meilleur : *Ils ont fait connaître son œuvre.*

Félix FAVRE.

TABLE DES PLANCHES

5425. — Paris, imprimerie Jouaust, rue Saint-Honoré, 338.

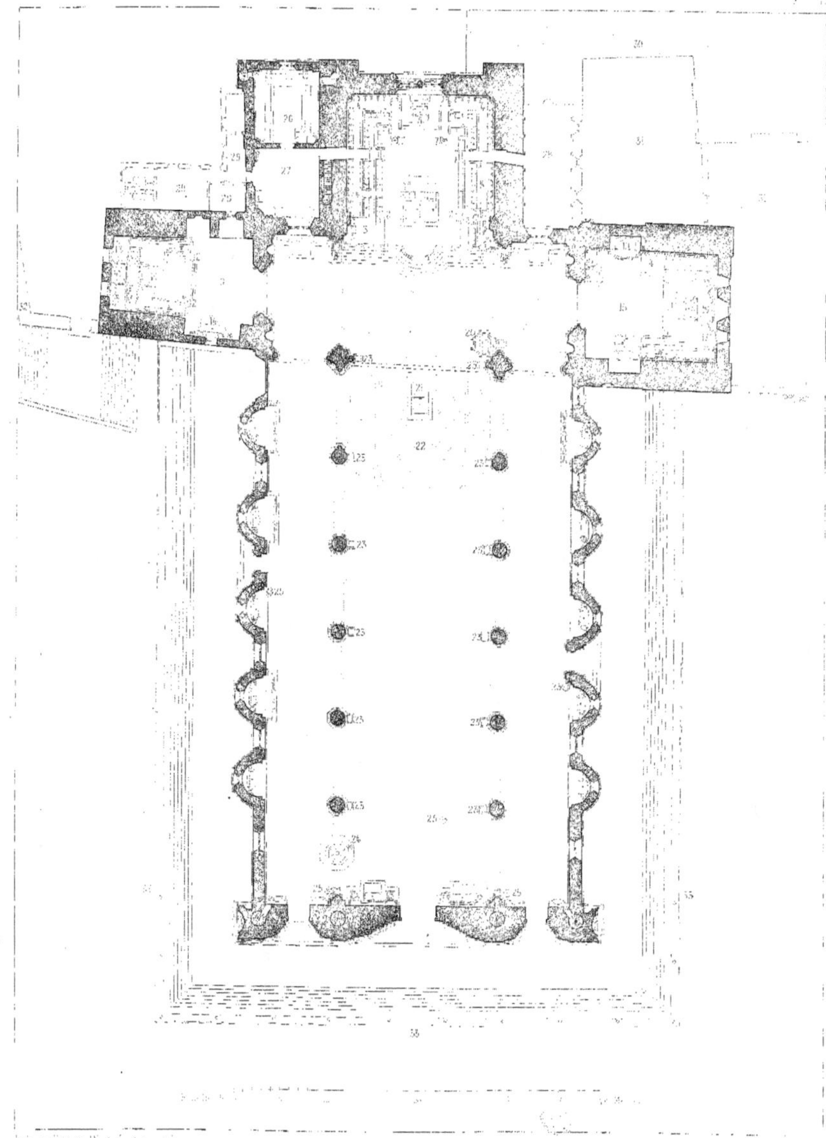

PLAN GÉNÉRAL

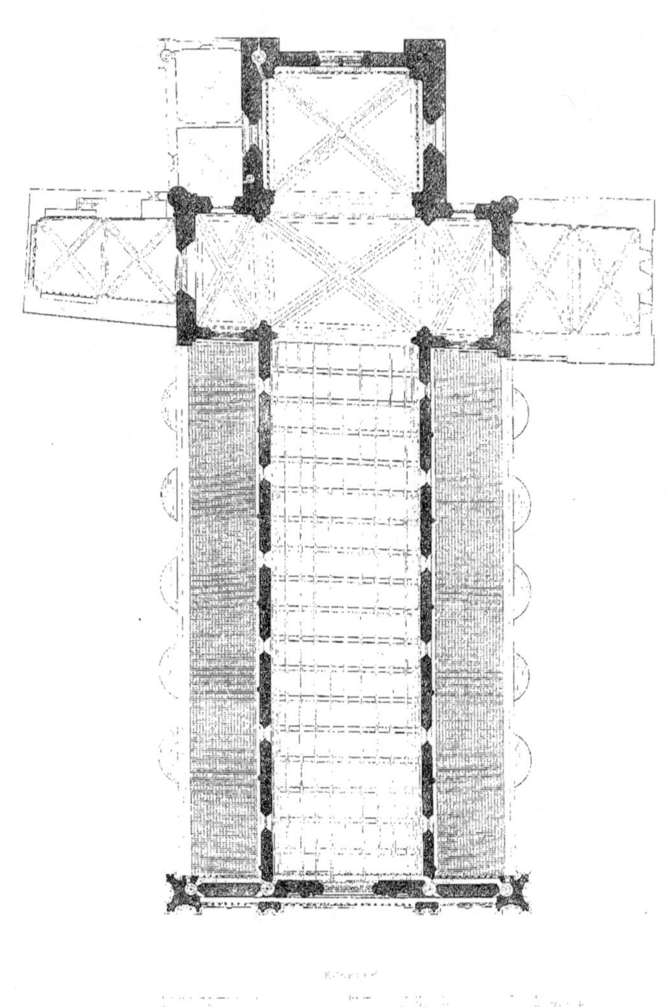

PLAN AU DESSUS DES BAS COTÉS

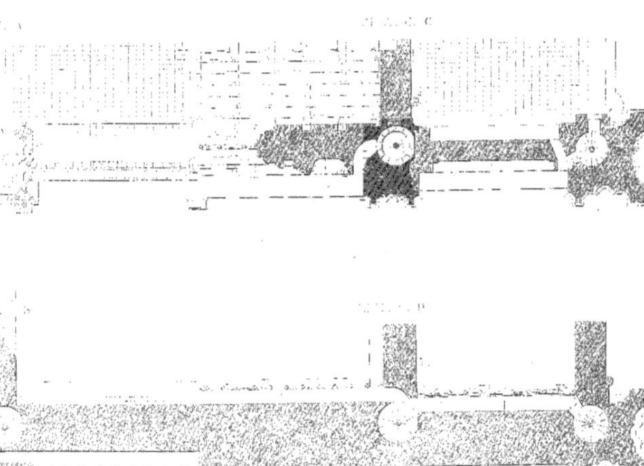

COUPE SUR LA FAÇADE A DIVERSES HAUTEURS

FAÇADE ABSIDALE

CATHÉDRALE D'ORVIÉTO.

ROSACE DE LA FAÇADE AVEC SON CADRE

S HIERONIMVS

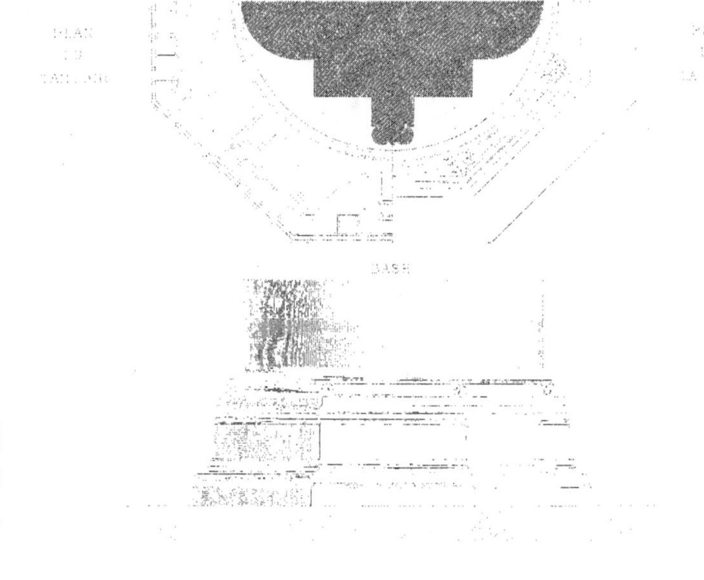

DÉTAILS D'UNE COLONNE DE LA NEF

DÉTAILS D'UN PILIER DE LA NEF.

PEINTURES DES PILES DE L'ENTRÉE DU CHOEUR.

CREDO IN DEUM,
PATREM OMNIPOTENTEM,
CREATOREM CÆLI ET
TERRÆ.

ET IN JESUM
CHRISTUM FILIUM
EJUS, UNICUM
DOMINUM NOSTRUM.

GRANDE VERRIÈRE DE L'ABSIDE

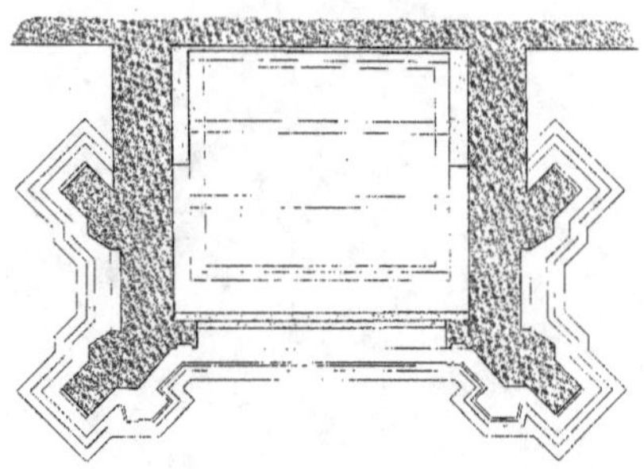

PLAN DE LA PARTIE SUPÉRIEURE

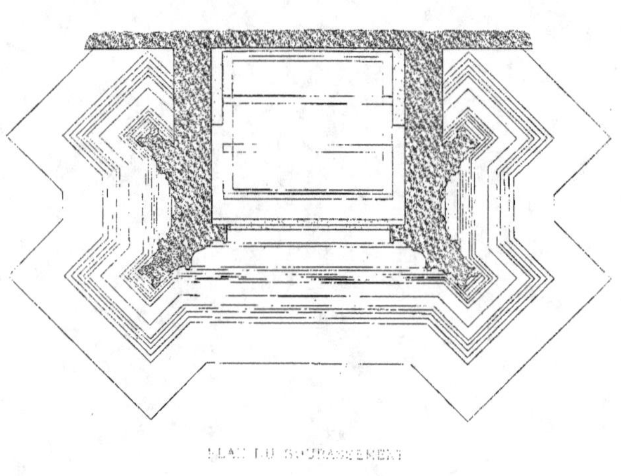

PLAN DU SOUBASSEMENT

PLAN DE L'ARCHE RENFERMANT LE RELIQUAIRE
OÙ EST CONSERVÉ LE SAINT CORPORAL

ARCHE DE MARBRE
CONTENANT LE RELIQUAIRE OÙ EST CONSERVÉ LE SAINT CORPORAL

LUTRIN EN MARQUETERIE

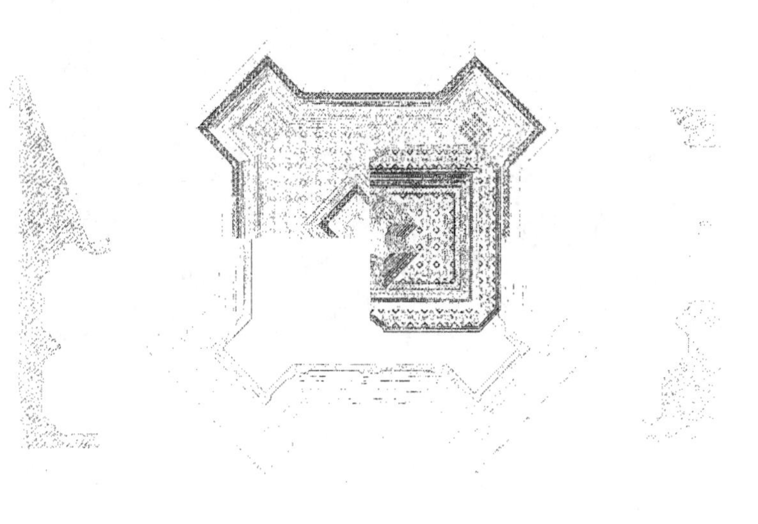

DÉTAIL DE LA MARQUETERIE

Frise du Soubassement

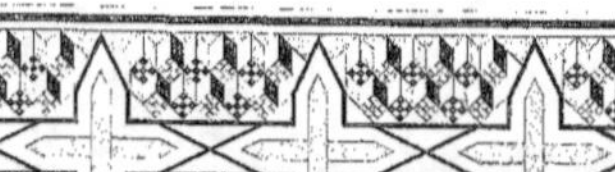

Table du Pupitre

Bordures

Dessus du Coffre.

Bordures

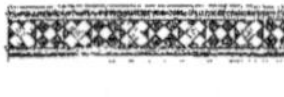

Décoration en Marqueterie *(moitié d'exécution)*.

LUTRIN EN MARQUETERIE.

Détails.

STALLES EN MARQUETERIE

FONTS BAPTISMAUX

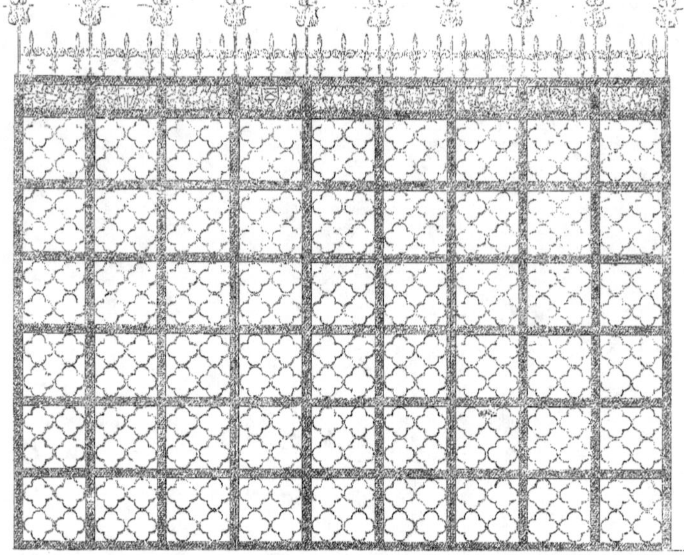

GRILLE EN FER

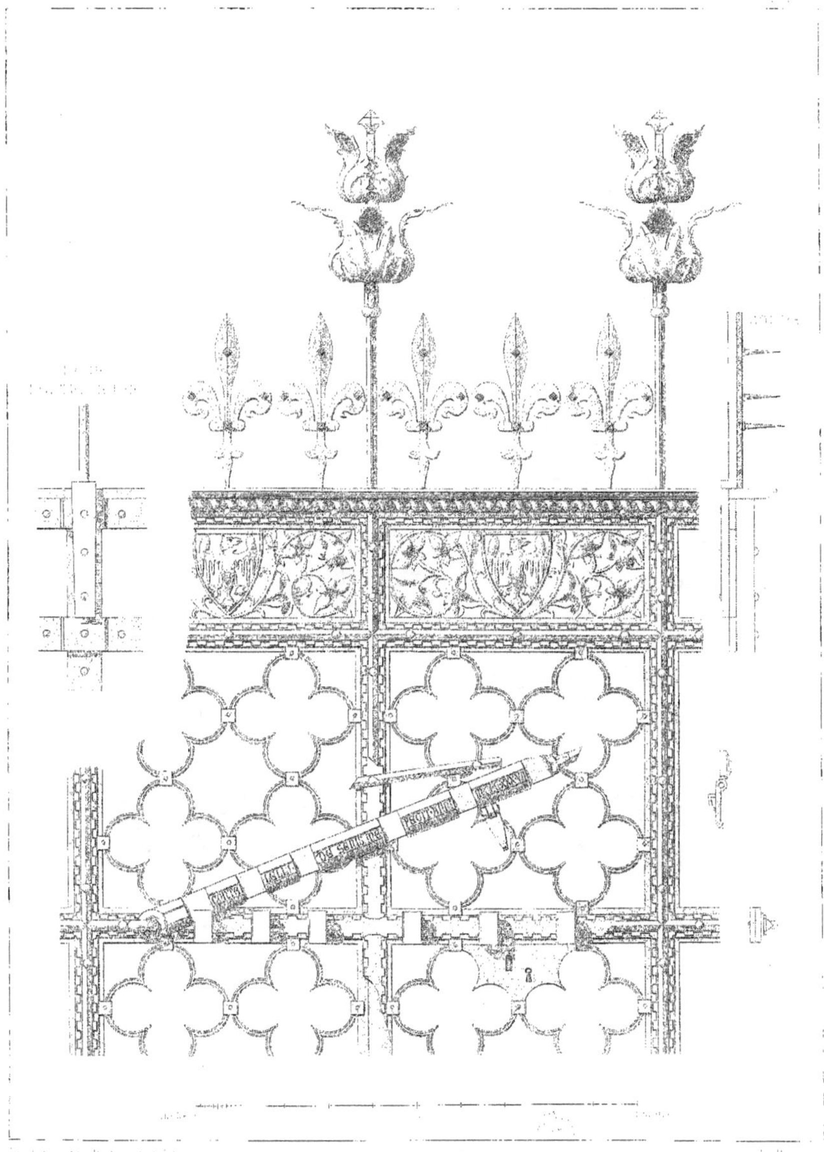

GRILLE — DÉTAILS.

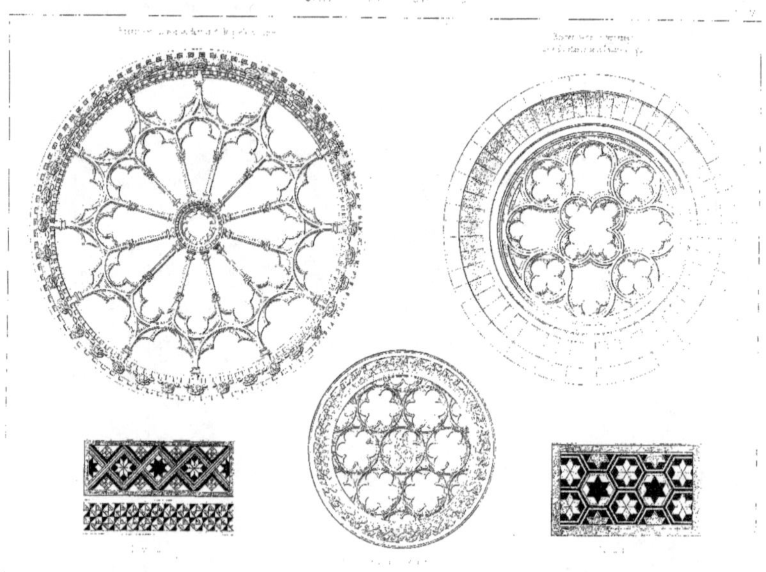